Monika Brabenetz

Nimm Dir

ein wenig

Zeit

• • • • • • • • • • •

Bibliografische Information der Deutschen
Nationalbibliothek
Die Deutsche Nationalbibliothek verzeichnet diese
Publikation in der Deutschen Nationalbibliografie;
detaillierte bibliografische Daten sind im Internet
über http://dnb.d-nb.de abrufbar

Bildnachweis: Computer-Klar! ClipArt-Bilder-Sammlung 2002
              DeAGOSTINI

Herstellung und Verlag: Books on Demand GmbH, Norderstedt

ISBN-13: 97838370884

Inhaltsverzeichnis:

Nimm Dir ein wenig *Zeit*

in der Stille ...
und dem Gefühl der Geborgenheit.

Finde den Weg dorthin,

und *entdecke,*

wo in Allem ruht der Sinn ... ...

Dein Lebensbaum

wächst durch Zeit und Raum.

Als junger Spross beginnend,
nach Wachstum und Stärke sinnend.

Behütet, gehegt und gepflegt
sich seine Entwicklung bewegt.

Gewachsen mit vielen geraden Ästen,
wo die Entwicklung war zum Besten.

Etliche dünne Zweige,
wo die Energie ging zur Neige.

Einige Äste ganz krumm,
wo für den geraden Weg fehlte der Mumm.

Manche ineinander verschlungen,
wo ein Alleingang nicht gelungen.

Totes Holz mit welken Blättern von Zeit zu Zeit -
wie erlebte und beendete Vergangenheit.

Frisches Grün rundherum,
denn das Wachstum ist noch nicht um.

Fest verwurzelt steht Dein Lebensbaum
und wächst immer weiter durch Zeit und Raum.

Sturm und Regen,

Pfützen auf allen Wegen.

Aufsteigende Nebel am Morgen,
so Vieles darin verborgen.

Ein Rauschen durch die Blätter geht,
sanfter Wind weht.

Warmer Sonnenschein,
Vogelgezwitscher stimmt mit ein.

Rege, geschäftige Natur,
die auf des Sommers Zeit gewartet nur.

Bis das Grün der Blätter vergeht.
Wind, der sie zu Boden weht.

Kahle Äste nun ragen gen Himmel,
zur Ruhe kommt der Natur Gewimmel.

Eisige Kälte alles durchdringt.
Schnee, der sachte zu Boden sinkt.

Weiß gekleidete, stille Welt.
Alles verborgen unter einem schützenden Zelt

Bis dann Alles von neuem beginnt,
sobald des Winters Zeit verrinnt.

Frühlingserwachen

Menschen, die lachen.

Milde Luft,
des Frühlings Duft.

Strahlender Sonnenschein,
dringt bis ins Herz hinein.

Blumen erblüh'n,
wunderschön anzuseh'n.

Der Vögel Singen,
lässt Freude erklingen.

Gottes Schöpfung
so wunderbar,
macht sich der Welt offenbar.

Herbstzeit,

wie sichtbar die Vergänglichkeit.

Jahreszeiten,
die sich ausbreiten.

Ein Kommen und Gehen,
Altes und Neues sehen.

Der Veränderung begegnen,
in der der Herr uns wird segnen.

Winterzauber

Funkelnder Schnee,
zugefrorener See.

Klare Luft,
erfüllt von des Winters Duft.

Sonnenstrahlen,
die glitzernde Schatten malen.

Sanft gedämpfte Natur,
Labsal der Seele pur.

Mit Weite das Herz berührt,
den Zauber des Winters gespürt.

Eine Begegnung,

ein Augenblick,
auf den Du gern vielleicht schaust zurück.

Ein Mensch.
Dir völlig unbekannt,
der Dich im Herzen liebevoll nimmt an die Hand.

Fremdsein
wird zu Vertrautheit.
Gottes Gnade macht Dich dazu bereit.

Kennen lernen
ein Kinderspiel.
Gibt's der Sympathien doch so viel.

Eine warmherzige Berührung davon begleitet,
die einfach nur Freude bereitet.

Im Miteinander
voller Barmherzigkeit gesegnet,
ist Dir Gottes vorausschauende,
unendliche Liebe begegnet.

Danke dem Herrn stets auf's Neue dafür,
denn seine schützende,
alles lenkende Hand ist über Dir.

Gib Dein Herz in diese Gefühle hinein
und Du wirst darin noch mehr gesegnet sein.

Den Partner für`s Leben

Gott hat ihn gegeben.

Gedanken voller Zärtlichkeit -
ein warmes Gefühl sich macht breit.

Das Herz mit Wärme erfüllt -
die Sehnsucht nach Geborgenheit gestillt.

Nicht mehr einsam -
Alles geht gemeinsam.

Leidenschaftliche Stunden -
miteinander als Eins verbunden.

Freudiges Erwachen -
fröhliches Lachen.

Ohne Worte versteh'n -
den Lebensweg gemeinsam geh'n.

Tröstend, verstehend, stützend,
liebevoll
in allen Lebenslagen -
für einander Alles wagen.

Liebe ist Dir begegnet,
von Gottes schützender Hand gesegnet.

Du irrst umher

und findest Deinen Weg nicht mehr?

Meide die Ecken,
weil sie Verwirrung wecken.

Schau geradeaus
und finde aus Deinem Irrgarten heraus.

Sieh nicht zurück,
denn vor Dir liegt Dein Glück.

Kehr auch nicht um,
denn das wäre dumm.

Schreite guten Mutes immer weiter voran
und finde sogar das Ende Deines Weges dann.

Wo Dir dann auch noch wird offenbar,
wie leicht das doch eigentlich war.

Eine Mutter ist einmalig.

Ganz gleich was geschieht,
sie liebt Dich.

Sie tröstet und trocknet Tränen.
Die eigenen wird sie nie erwähnen.

Sie rät und hört Dir zu.
Kummer und Sorgen verfliegen im Nu.

Sie begleitet Dich jederzeit,
ist stets zu allem bereit.

Sie fängt Dich auf,
ohne stolz zu sein darauf.

Sie umsorgt Dich, nimmt Dich in den Arm
Etwas, das das Herz macht warm.

Sie versteht Deine Gedanken.
Niemals lässt sie Dich wanken.

Sie schenkt Dir all ihre Kraft,
ohne dass sie davon würde dahingerafft.

Liebevoll
schaut sie Dich selbst in Trauer und Wut an.

Sag,
gibt es etwas,
was eine liebende Mutter nicht kann?

Ein Vater ist voller Kraft,

mit der er alles für Dich schafft.

Er lehrt Dich viele Dinge,
damit Dein Leben Dir gelinge.

Er steht zur Seite Dir mit Rat und Tat.
Er sieht, worin Du bist begabt.

Er formt Dich liebevoll und unbemerkt
in einer Art, die Dich stärkt.

Er weist Dich auch zurecht,
damit es Dir nicht geht schlecht.

Er geht mit Dir mit,
begleitet Dich aber nur ein Stück.

Er lässt Dich frei und glücklich sein
und doch bist Du nie allein.

Er schenkt Dir Freude und Frieden,
lässt Dich erfahren, was es heißt zu lieben.

Er verzeiht Dir auch stets aufs Neue,
damit er sich an Deiner Umkehr erfreue.

Du lernst bei ihm so viel,
Weisheit wird zu Deinem Ziel.

Er begleitet Dich für Dein Leben.
Kann es etwas Schöneres geben?

Menschen kommen, Menschen geh'n.
Glück und Leid im Leben geseh'n.

Fröhlichkeit
Dein Leben begleitet,
glückliche Momente Dir werden bereitet.

Leid
Du erlebst von Zeit zu Zeit,
macht Dich für neues Glück bereit.

Hoffnung
in Allem ruht,
wenn Du zur Hoffnung hast den Mut.

Geduld
Dein Leben wohlwollend bestimmt,
wo Ungeduld Dir jede Ruhe nimmt

Von des Herrn Liebe getragen,
Nichts lässt Dich verzagen.

Finde Dein Ziel
in der Liebe des Herrn,
der Dir ist nah und nicht fern.

Frieden
darin Dir ist beschert,
Dich erkennen lässt des Lebens Wert.

Kraftvoll
kannst Du dann deines Weges gehn
und Gottes unendliche Gnade, Barmherzigkeit
und Liebe sehn.

Ein Freund, eine Freundin,

sie sind da
und Dir in Gedanken und im Herzen nah.

Sie nehmen sich Zeit,
sind für Deine Freuden und Sorgen bereit.

Sie lachen mit Dir von ganzem Herzen,
empfinden sogar Deine Schmerzen.

Sie kennen Deiner Gedanken Gut,
bremsen Dich
oder machen Dir Mut.

Eine helfende Hand in Menschengestalt,
die notfalls vor Nichts macht halt.

Freunde
sind so wertvoll und wichtig.

Sie begleiten Dein Leben.
Erst mit ihnen lebst Du richtig.

Danke Gott,
dass Dir das von ihm ist gegeben.

Ein über alles geliebter Mensch ist fort

an einem Dir unbekannten Ort .

Tränen der Trauer,
im Herzen eine Mauer.

Am Boden zerstört,
Niemand der Dich hört.

Sehnsucht erfüllt das Herz,
verstärkt noch den Schmerz.

Alles ist einerlei,
die Gedanken sind nicht frei.

Aber Gott ist Dir ganz nah,
denn er ist immer für Dich da.

Versuch ihn zu spüren,
seine tröstende Hand zu berühren.

Geh mit ihm mit
Schritt für Schritt.

Spüre seine allmächtige Kraft,
die wahrhaft Alles schafft.

Gehöre fortan zu den vom Kummer Erlösten.
Lass Dich von ihm trösten.

Sei darin getrost und gesegnet,
denn Gottes ewige Liebe ist Dir begegnet.

Hoffnung

ist das Salz des Lebens,
denn durch sie ist Nichts vergebens.

Sei von Hoffnung erfüllt,
weil nur sie der Wünsche Sehnsucht stillt.

Hoffnung
ist der Gedanken Zuversicht -
in ihr Du den Blick für Kommendes verlierst nicht.

Sie lässt Dich aufrecht geh'n
und nicht, gebeugt von Last,
einfach nur steh'n.

In ihr ist unendliche Kraft,
die jede Hürde schafft.

Mit ihr Du niemals wirst aufgeben,
denn sie bedeutet
Leben!

Wahre Liebe

füllt das Herz völlig aus.
Sie ist des Lebens schützendes Haus.

Ein Bollwerk der Kraft,
das jedem Angriff zu begegnen schafft.

Nur in ihr wird geboren,
was niemals geht verloren.

Sie ist es, die Flügel verleiht
und alles verzeiht.

Durch sie getragen sein
und du bist nie allein.

In ihr entsteht liebevolle Offenheit,
der Grundstein jeglicher Barmherzigkeit.

Verstehen und Trost wird Dir in ihr geschenkt,
ohne dass sie an einen Vorteil denkt.

Ein unendlich strahlendes Licht ist in ihr verborgen,
das vertreibt jeglichen Kummer und Sorgen.

Wahre Liebe ist wahrhaftiges Leben,
wie es Dir einst von Gott ward gegeben.

Gedanken voller Sorgen

Was ist Heute?
Was wird Morgen?

Hoffnung zerschunden.
Alles an Zweifel gebunden.

Tränen sich ihren Weg bahnen.
Nichts wissen!
Alles nur ahnen!

Gewissheit?
Wo steht sie geschrieben?
Einzig Unsicherheit ist geblieben!

Ausweglosigkeit
sich macht breit.

Trauer das Herz bewegt.
Lebendiges Leben,
das geht.

Sinn geht verloren.
Immer neue Zweifel werden geboren.

Vertrauen
hat sich davongestohlen.
Zweifel und Ratlosigkeit triumphieren unverhohlen
Ist das das Ende?
Oder gibt es noch irgendwo, irgendwie eine Wende?

Nicht mehr wissen
Wozu? und Wohin?
Zeigt das auf's Ende hin?

Hoffnung ist irgendwie gestorben.
Aber irgendwo liegt ihr Geheimnis verborgen.

Den Weg dorthin finden,
macht Dich zum Sehenden
vom Blinden.

Suche danach überall
und
Du bist nicht länger der Hoffnungslosigkeit Spielball.

Klare Gedanken,

die sich offenbaren

und Verborgenes
führen zum Wahren.

Unsicherheit
verliert ihre Zeit
und das macht zu Neuem bereit.

Lügen,
die sich entblößen
und nur noch offenbart werden müssen.

Wahrheit
kommt an ihren Platz
und wird zu einem bisher verborgenen Schatz.

Liebe
bleibt nicht mehr verloren,
wenn in ihr Vertrauen wird geboren.

Glauben
wird geweckt
und in ihm Vieles neu entdeckt.

Frieden
kehrt ein
und Niemand ist mehr allein.

Glück
bricht sich seine Bahn
und Fröhlichkeit schließt sich an.

Freude
hält Einkehr
mehr und mehr.

Wenn klare Gedanken
sich offenbaren
und Wahrheit führt zum Wahren.

Ein fröhliches Lachen

erfrischend und rein.
Sag`
was könnte schöner sein?

Kannst Du es hören,
dann lass auch Dich davon betören.

Erlebe,
wie es auch Dich ansteckt
und all Deine Lebensgeister weckt.

Kannst Du ihm vielleicht anfangs noch widersteh'n,
beginnt es doch langsam,
auch in Dein Gesicht überzugeh'n

Hör doch, wie es klingt!
Und erlebe,
welche Freude es in Dein Herz bringt.

Ist es nicht wunderbar?
Zu spüren,
dass bei allen Sorgen
auch in Dir dieses Lachen ist da!

Es ist des Lebens schönste und vollkommenste Melodie,
denn nichts befreit, erlöst und erweckt
so wie sie.

Und eines jeden Menschen Sehnsucht
geht genau dort hin,
weil solch fröhliches Lachen auch verändert den Sinn.

Tiefste Traurigkeit,
Kummer und Schmerz
verlassen mit diesem Lachen einfach Dein Herz.

Und dann auch noch zu erleben,
was Du anderen Menschen mit Deinem Lachen kannst
geben.

Ist das nicht wunderbar?
Macht es doch den wahren Sinn und Zweck
eines jeden Lachens offenbar.

Also sei niemals zu sparsam damit,
denn dieses herrliche Lachen
gab Gott Dir
als Geschenk auf Deinen Lebensweg mit.

Sonnenstrahlen,

sieh wie sie Schatten malen.

Warmes strahlendes Licht
halt ihm entgegen Dein Gesicht.

Lass die Wärme in Dein Herz hinein,
um mit diesem Licht eins zu sein.

Atme ein die klare Luft,
genieße ihren Duft.

Sei erfüllt
von diesem herrlichen Gefühl,
das Dir schenkt der heutige Tag so viel.

Lass Dich einfach nur erquicken
und frohen Mutes auf Morgen blicken.

Jedes Leben ist ein Geschenk

und es gibt den Einen,
der immer an Dich denkt.

Voller Gnade und Barmherzigkeit
hat er immer für Dich Zeit.

Der Herr ist stets Dein Begleiter
und ein liebevoller Wegbereiter.

Voller Vertrauen darfst Du in ihm ruh'n
und brauchst für seine Liebe nichts zu tun.

Er fängt Dich auf
voller Macht
und schenkt Dir für Alles die nötige Kraft.

Voller Segen
wird der Herr Dich erhören
und Dir Frieden im Herzen bescheren.

Vertraue,
glaube
und gib niemals auf.
Gott, der Herr, wartet darauf,

um Dir endlich hilfreich zur Seite zu steh'n
und Deinen Weg ebnend mit Dir zu geh'n.

Ein Engel auf Erden

kannst Du nie werden.

Aber Du kannst es leben
im Nehmen und Geben.

Ein liebeerfülltes Herz berührt,
ein wärmendes Feuer wird geschürt.

Taten geben Dich zu erkennen,
die Du nie beim Namen wirst nennen.

Dein Denken und Handeln ist voller Liebe,
ohne die die Welt dunkel und grau bliebe.

Des Herrn Hand hat Dich berührt,
sie,
die Dich nun durch's Leben führt.

Menschen,

sie haben so viele Grenzen

Sie lernen,
was sich gehört.
Sie erleben, was einfach stört.

Sie haben auferlegte Rechte und Pflichten,
haben alles danach zu verrichten.

In Vielem davon sind sie verloren,
wurde dieses doch allein durch Menschen
auserkoren.

Und so manche verlangte Pflicht,
die den Menschen zerbricht.

So vieles Auferbauende ist verpönt,
werden sie doch darin vielfach verhöhnt.

So viele Gesetze,
von Menschen gemacht,
wohl überlegt und durchdacht.

Ein wahrer Gedankenwald,
scheinbar nötig
und doch in sich eiskalt.

Wie einfach doch Gottes Gebote anmuten,
die uns kein solches Chaos zumuten.

Wie leicht zu verstehen sie sind,
eindeutig – sogar für ein Kind.

Und doch liegt so unendliche Vielfalt darin verborgen
mit einer stetigen Gültigkeit
für Gestern,
Heute
und Morgen.

Wie leicht, mit ihnen noch ganze Liebe
statt Härte zu leben.
Herr,
wie viel hast Du uns darin für unser Leben gegeben.

Missachtet,
belächelt werden sie oft,
ohne zu ahnen,
dass darin bereits alles liegt verborgen,
was jeder Mensch für sich erhofft.
.
Von Liebe getragen,
hast Du Herr sie einst geschaffen,
damit Liebe lebt
und Böses nicht kann dahinraffen.

Aber, wie wunderbar einfach und frei
ein Leben mit Dir, Herr, ist,
erkennen wir Menschen erst nach der Offenbarung, wer Du
wahrhaftig bist.

Wie ein Grashalm im Wind

so bist auch Du mein Kind.

Sanft wiegt er hin und her -
genießt das sanfte Streicheln sehr.

Bis ein Sturm aufzieht,
der ihn drückt und biegt.

Aber er kann ihn nicht knicken -
nur hin und wieder völlig niederdrücken.

Immer wieder
richtet der Grashalm sich von neuem auf -
ganz gleich,
wie sehr der Sturm bläst auf ihn drauf.

Fest verwurzelt in der Erde Boden,
wird er auch nicht fortgezogen.

Und geht der Sturm dann vorbei,
ist der Grashalm wieder aufrecht
und frei.

Und so wie dieser Grashalm im Wind
bist auch Du mein Kind.

Ein kleiner Gruß von mir

an Dich,

der sagen will,
vergiss mich nicht.

Ich hab` Dich lieb
und denk an Dich.
So wie Du sicher auch denkst an mich.

In Gottes ganzem Schutz und Segen
sollst Du stets sein getragen,
wandeln und leben
und nie verzagen.

Seine Vergebung,
Gnade und Barmherzigkeit
sollen Dich begleiten alle Zeit.

Im Gebet sei ihm besonders nah
und spüre,
dass Gott für Dich ist da.

Er ebnet Dir hilfreich jeden Weg,
wenn Du nur willst, dass er mit Dir geht.

Er schenkt Kraft, Trost und Zuversicht –
bedenke es stets,
vergiss es nicht!

Von Hoffnung getragen,

wirst Du nicht verzagen.

In liebevoller Geduld.
auf Dich laden keine Schuld.

Mit Ehrlichkeit gehandelt,
wird Schlecht in Gut gewandelt.

Manches zu lassen los,
macht Dich nicht klein
sondern groß.

Und auch die Beharrlichkeit
hat ihre eigene Zeit.

Sucht

des Lebens Flucht.

Sich hineinbegeben –
nicht mehr leben.

In ihr gefangen sein –
sich fühlen einsam und allein.

Verzweiflung sich macht breit –
warum ist zurückgekehrt der Sucht Lebendigkeit?

War sie doch bewusst begraben –
warum sich wieder an ihr laben?

Wann wird es endlich sein vorbei?
Wann wird Flucht in die Sucht wahrhaft einerlei?

Sie nimmt dem Leben jeden Sinn –
führt vom Leben zum Tode hin.

Einfach den Tod gewählt?
Auch kein anderes Leben mehr zählt?

Lieber nicht nachdenken!
Obwohl, Herr –
Du kannst meine Gedanken wieder in rechte Bahnen
lenken!

Bitte, bitte steh' mir bei,
denn das von Dir geschenkte Leben
kann niemals sein einerlei.

Bitte, Herr,
vergib und schenke Segen,
denn darin verborgen liegt Leben.

Sei Du mein Hirte,
Retter
und Lebenselixier!

Denn wahren Frieden und unendliche Kraft,
die Alles schafft,
gibt es nur in Dir!

Die verschlungenen Wege

der Zeit -

erst sie machen Dich für alles Kommende bereit.

Zufriedenheit,
Glück und Freude -
sie sind des Lebens standfestes Gebäude.

Tränen, Kummer und Leid -
sie machen zum Wanken bereit.

Am Boden liegen
und doch aufsteh'n,
um, wenn auch zaghaft, neue Wege zu geh'n.

Unerfüllte Träume zu Zielen machen,
selbst im Angesicht der Anstrengung wieder lachen.

Getrocknete Tränen,
sich schließende Wunden
und der Anfang zu Neuem ist gefunden.

Einfach vorwärts geh'n
und wieder Zukunft seh'n.

Alte Pfade verlassen,
einfach betreten neue Wege und Gassen.

Aufatmen
und hoffnungsvolle Zuversicht,
Sehen und Spüren
am Ende des Tunnels ein verheißungsvolles Licht.

Einfach eine Chance ergreifen
und für den Rest des Lebens darin reifen.

Denn lebendiges Leben ist Dir geschenkt
von dem,
der da Lebendiges
und nicht Totes liebt und lenkt.

Funkelnde Sterne

leuchten aus der Ferne.

Einer wird Deiner sein
und sagt Dir
„Du bist nicht allein".

Er begleitet Dich auf Deinem Weg -
auch wenn er manchmal hinter Wolken steht.

Dein Stern schaut stets auf Dich herab
und Niemand,
der je dieses feine Licht schaltet ab.

Ein Strahlen und Funkeln von ihm ausgeht,
das auch in Deiner Seele lebt.

Selbst bei Tag ist er unsichtbar da -
macht sich Dir in der Dunkelheit wieder offenbar.

Der Stern war da - ist - und wird ewig sein.
So wie auch Du
niemals wirklich bist allein.

Schau nach vorn

und nicht zurück.

Verlasse Altes
und finde neues Glück.

Augen auf und weiter geh'n,
unverzagt die schönen Dinge seh'n.

Fröhlichkeit finden,
nicht an Trauer binden.

Die warme Sonne spür'n,
sich nicht in der Dunkelheit verlier'n.

Wolken staunend betrachten,
nicht auf den Regen achten.

Sich an der ganzen Welt erfreuen,
das führt Dich vom Alten
zum Neuen.

Strahlende Kinderaugen sehn,

das ist wunderschön.

Kinderlachen hören
kann das Herz betören.

Warme Kinderhände spüren,
die Dich sanft berühren.

Ein bittender, offener Kinderblick,
der Dir sagt:
„Komm doch bitte mit".

Kleine Kinderarme Dich umfangen,
nach zärtlicher Berührung verlangen.

Der Aufschrei eines Kinderherzen,
er bereitet Schmerzen.

Bittere Kindertränen laufen sehn,
lassen Dich tröstend zu ihm gehen.

Kinderschmerzen tun so weh,
das ist schon so seit eh und je.

Kinderliebe ist unendlich,
ganz und gar rein und beständig.

Nie darfst Du so etwas zerstören.
Lass Dich stets davon umfangen und betören.

Denn ein Kind ist Gottes Geschenk,
gegeben von dem,
der da alles so wunderbar gemacht und lenkt.

Nimm es so, wie es Dir ist gegeben,
denn es bedeutet
wunderbare Liebe und Leben.

Gesegnet seist Du

im Namen des Herrn,

denn er ist Dir in Herz und Geist nah
und nicht fern.

Er lebt in Wort und Tat,
worin er sich offenbart.

Liebenden Herzens
gehst Du durch die Welt
und es ist Gottes Geist in Dir,
der sie erhellt.

Ein fröhliches Lachen voll Humor
ist Dir gegeben,
lässt Dich und Andere diese Fröhlichkeit leben.

Ohne Rast und Ruh
schreitest Du voran immerzu.

Verschließt Deine Augen nicht,
schaust Allem offen ins Gesicht.

Scheust weder Müh' noch Plag',
zu meistern
Deinen und der Anderen Tag.

Die Liebe des Herrn bestimmt Dein Leben
und hierin ist Dir unendlich viel gegeben.

Du bist so ein wunderbarer,

liebenswerter Mensch.

Gebe Gott, dass das auch Du selbst für Dich erkennst.

Hilfsbereit gehst Du durch die Welt,
Dein Wesen
manches Dunkel erhellt.

Voll Mitgefühl
gehst Du auf Andere zu,
eroberst ihre Zuneigung im Nu.

Hilfsbereit
stehst Du ihnen zur Seite,
damit jemand sie begleite.

Nur wenig geben die Menschen Dir davon zurück,
aber in Deinem Herzen
ruht der Hilfe Glück.

Und selbst wenn ein Angriff auf Dich wird offenbar,
bist Du immer noch für die Anderen da.

Diese wunderbare Gabe
ist Dir von Gott geschenkt,

damit Du nicht untergehst,
nicht im Abseits stehst,

sondern göttliche Liebe
Dein Leben bereichert und lenkt.

Des Meeres Rauschen –

wie schön ihm zu lauschen.

Unendliche Weite vor Augen –
an ein Ende kaum zu glauben.

Blaues Wasser,
schäumende Gischt –
Grenzen werden verwischt.

Glitzernde Wellen türmen sich auf –
immerfort, unermüdlich,
zu Hauff.

Brausender Wind alles bewegt –
Nichts rastet.
Alles lebt!

Der Geruch der Luft die Sinne betört –
Lärm und Ruhe.
Nichts stört.

Herrliche Welt,
Dich so zu erleben.
Von Sonne erhellt –
wie viel kannst Du mir geben.

Mein kleines Kind,

Dein Verstand ist noch blind.

Du bist Gefühl und Gespür,
Dein Herz
eine offene Tür.

Man versucht
Dich zu formen,
damit Du entsprichst den Normen.

Man lehrt Dich auch viel,
damit Du erreichst ein Ziel.

Man drängt und beengt Dich
oft viel zu sehr
und lässt Dir selbst gar keinen Freiraum mehr.

Dein kleines Herz vielfache Not verspürt
und doch Niemand ist,
den es berührt.

Ein Hilfeschrei so manche Unart,
verstanden zu werden
ist oft hart.

Deinen Weg
begleiten so viele geweinte Tränen,
die ungeweinten wirst Du nie erwähnen.

Du liebst
bis in die Unendlichkeit
und bist selbst in bitterer Not noch dazu bereit.

Erwachsene
vergessen diese Dinge nur allzu gern
und sind Dir deshalb auch oft so furchtbar fern.

Und merken nicht,
wie nah auch ihnen diese Dinge sind.

Wären sie doch nur
ein kleines Stück wie Du mein Kind.

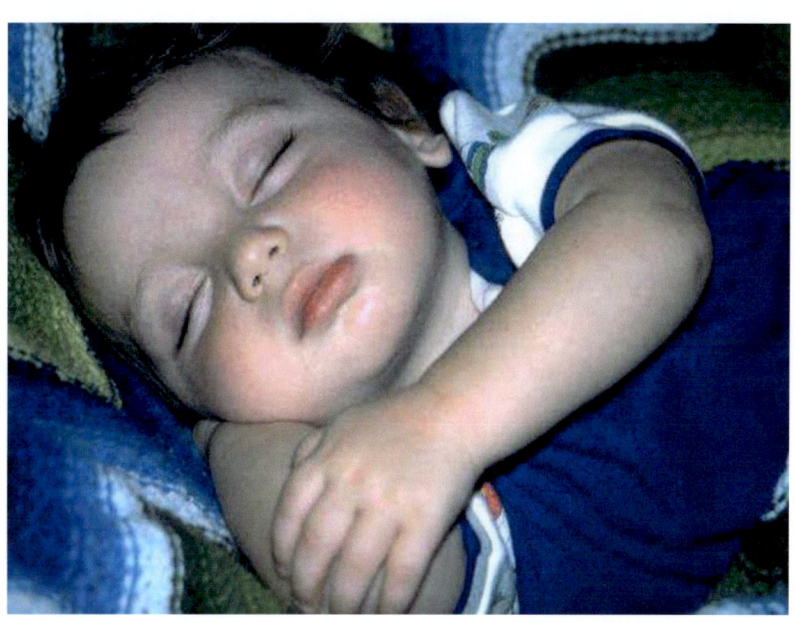

Liebe ist voller Sehnsucht,

in der Eins das Andere sucht.

Sie ist Fröhlichkeit,
von Herzen zu lachen bereit.

Sie geht mit
jedes noch so große Stück.

Sie ist Verstehen
im Hören, Sagen und Sehen.

Sie ist Verzicht
ohne Gericht.

Sie ist Vergeben
und hieraus Leben.

Liebe bestimmt Dein Leben.

Gottes Geist ist Dir gegeben.

Die Gnade des Herrn ist Dir geschenkt,
in der er Dein Leben lenkt.

Voller Liebe und Barmherzigkeit
schaut er auf Dich nieder.

Und wenn Du ihn auch manchmal ein kleines Stück
verlierst,
findest Du ihn doch immer wieder.

Der Herr fängt Dich auf
und hält Dich fest
unentwegt.

Und das Vertrauen auf ihn ist es,
was Dein ganzes Leben bewegt.

Gesegnet seist Du für immer
im Herrn und seiner Allmächtigkeit.

Die Du erfahren hast,
erfahren wirst
und erlebst
zu jeder Zeit.

Sei wie die Blume am Wegesrand

still, leise
und doch in all ihrer Schönheit erkannt.

Voll Vielfalt und Farben ihr Blütenkleid -
sei auch Du
zu solchem Strahlen bereit.

Sie neigt sich stets der Sonne entgegen -
und auch für Dich
bedeutet Sonne
Leben.

Vom Wind gebeugt,
steht sie doch wieder auf -
und erfreut Mensch und Tier mit ihrem Dasein
zu Hauff.

Des Regens Gewicht lastet auf ihr -
und doch sind einzelne Tropfen
wie eine Zier.

Was zu viel ist,
fließt an ihr herab -
schüttel' auch Du das zu Viel einfach ab.

Sie erfreut sich an ihrer Blüte Zeit
und ist für die kommende Vergänglichkeit bereit.

Weiß sie doch um den Sinn ihres Daseins
und Lebens -
wisse auch Du darum
und suche nicht mehr vergebens.

Liebe, sie ist kein Spiel,

denn sie schenkt unendlich viel.

Hast Du sie je erfahren?
Konntest Du dieses Gefühl in Dir bewahren?

Oder ist sie Dir nie wirklich begegnet,
wurdest Du noch nie mit ihr gesegnet?

Dann mach Dich auf die Suche danach!
Du kannst sie finden.

Aber sie läuft Dir nicht nach
und wird Dich niemals an sich binden.

Unglaubliche Freiheit wird Dir in ihr geschenkt
von Gott,
der sie Dich erfahren lässt
und alles lenkt.

Erlebe Gefühle,
die beflügeln die Seele.

Erfahre Verständnis
ohne Bedrängnis.

Spüre den inneren Frieden,
der jeglichen Groll kann besiegen.

Sei erfüllt von unglaublicher Kraft,
die jede Hürde schafft.

Nimm das Geschenk der Liebe einfach an,
gib es weiter und erlebe,
was es alles verändern kann.

Und dann sei getrost
und voller Zuversicht,
denn Gottes Liebe verlässt Dich nicht.

Von ihr wirst Du getragen und umhüllt,
denn sie ist es,
die jeden Hunger stillt.

Herr, Du bist wie das strahlende Licht der Sonne.

Du allein erfüllst unser Herz
mit unbeschreiblicher Wonne.

Du bist wie die leuchtende Blume,
sogar in der Nacht,
voller bunter Vielfalt und verheißungsvoller Pracht.

Du bist wie der feuchten Wiese sattes Grün.
Erst in Dir
können wir zu wahrem Leben erblüh'n.

Du bist wie des Himmels unendlich strahlendes Blau.
Die Weite Deiner Dimensionen
wird niemals zu ermessen sein genau.

Du bist wie der Jahreszeiten Beginn.
Voller Abwechslung,
Neuem,
stetig Wiederkehrendem
ist Dein Sinn.

Du bist wie das klare Wasser des Baches,
das mündet im weiten Fluss.

Mit der Reinheit des Gedanken,
dem Wandel des Lebens zu Dir,
kommt Jeder
in Deines Segens Genuss.